TRENNUNG VERARBEITEN

TRENNUNG VERARBEITEN

103 Fragen, die dir helfen, nach einer Trennung dein Herz zu heilen, den Ex-Partner loszulassen und wieder glücklich zu werden

Wieland Stolzenburg

***Hinweise**: Die in diesem Buch enthaltenen Informationen ersetzen nicht die Untersuchung und Beratung durch einen Arzt oder Therapeuten. Ebenso sind sie keine therapeutischen Anweisungen; sie dienen lediglich der Vermittlung von Kenntnissen. Aus Gründen der besseren Lesbarkeit wird auf die gleichzeitige Verwendung männlicher und weiblicher Sprachformen verzichtet. Sämtliche Personenbezeichnungen gelten für alle Geschlechter.*

***Bibliografische Information der Deutschen Nationalbibliothek (DNB)**: Die DNB verzeichnet diese Publikation in der Deutschen Nationalbibliografie; detaillierte bibliografische Daten sind im Internet über dnb.dnb.de abrufbar.*

www.wielandstolzenburg.de

***Lektorat**: Andrea Durst, www.words-for-you.de*
***Coverdesign**: Emily Pruden, Wieland Stolzenburg*
***Foto »Herz«**: pixabay.com / mcmurryjulie*

***Druck und Bindung**: KDP Print*
Independently published

***ISBN**: 9798657550962*

Inhaltsverzeichnis

Über mich

Mein Name ist Wieland Stolzenburg – und da ich immer wieder gefragt werde: Wieland ist mein Vorname. Ich bin Beziehungspsychologe und begleite Menschen dabei, erfüllende Beziehungen zu führen: mit sich selbst, ihren Partnern und allen anderen Menschen in ihrem Leben. Ob als Berater und Therapeut, als Autor und Redner oder als Interviewpartner für verschiedene Medien.

Schwerpunkte meiner Arbeit sind Themen und Fragestellungen rund um Beziehungen, Partnerschaften und Persönlichkeitsentwicklung. Mein Antrieb für meine Arbeit liegt darin, Menschen zu unterstützen, ihr Potenzial zu entfalten und ein glückliches Leben zu führen.

Ich habe Betriebswirtschaftslehre (Hochschule Pforzheim) und Psychologie (LMU München) studiert und verschiedene therapeutische Ausbildungen absolviert.

Einige Bücher habe ich bereits veröffentlicht, unter anderem den Trennungsratgeber *Trennung überwinden*. Wenn dich meine Bücher interessieren, findest du am Ende des Buches eine Auflistung.

Weitere Informationen über mich, meinen Werdegang und meine Tätigkeit findest du auf meiner Website: www.wielandstolzenburg.de

Einleitung & Anleitung

Schön, dass du diesen kleinen Trennungsratgeber in den Händen hältst. Du scheinst die wichtigste Eigenschaft zu besitzen, um deine Trennung schnell und nachhaltig zu überwinden: Selbst aktiv zu werden und die Trennung und all die Herausforderungen bewusst anzugehen.

Um eine Trennung zu überwinden, muss man nicht zwingend einen umfangreichen Trennungsratgeber wälzen. Sich mit den wichtigsten Fragen bewusst auseinanderzusetzen, kann schon unglaublich viel bewirken und dabei helfen, den Trennungsschmerz zu heilen.

Genau dabei unterstützt dich dieses kleine Trennungsbuch: Es hilft dir, die wichtigen und richtigen Fragen zu stellen, es zeigt dir Perspektiven auf, die dich aus dem Trennungsschmerz holen, schenkt dir den ein oder anderen Trennungstipp und fordert dich auf, selbstverantwortlich mit deiner aktuellen Herausforderung umzugehen.

Ich empfehle dir, die Fragen in der angegebenen Reihenfolge zu beantworten. Du kannst jedoch auch einfach durch das Buch blättern und schauen, wo du hängenbleibst. Am meisten wirst du von den Fragen profitieren, wenn du dir für jede Antwort einige Minuten Zeit nimmst und sie dir aufschreibst. Zum einen hilft das Niederschreibern dabei, wirklich konkret zu werden, und zum anderen kannst du Wochen oder Monate später nachlesen, was sich in deinem Leben bereits verändert hat. Ich lege dir deswegen sehr ans Herz, die Fragen nach einiger Zeit nochmals durchzugehen und erneut zu beantworten. Zudem empfehle ich dir, am Tag maximal 5 Fragen zu beantworten, damit diese wirklich wirken können und nicht in der Masse untergehen!

Einige Fragen können Gefühle auslösen oder Erinnerungen hochholen. Das ist gut, denn es bedeutet, dass sich etwas verändert und heilt. Dafür ist es hilfreich, wenn du nicht unter Zeitdruck stehst und dich an einem Ort befindest, an dem du dich wohlfühlst. Wenn eine Frage aktuell zu schmerzhaft für dich ist, kannst du sie gerne überspringen. Einzelne Fragen können – je nachdem, wie lange die Trennung her ist – zu früh sein. Manchmal sind es aber genau diese herausfordernden oder auf den ersten Blick merkwürdigen Fragen, von denen wir am meisten profitieren. Fordere dich also gerne, aber überfordere dich nicht!

Ich wünsche dir viel Kraft beim Beantworten der Fragen und viele hilfreiche Erkenntnisse!

Dein
Wieland Stolzenburg

1

Wenn du mit 100-prozentiger Sicherheit wüsstest, dass dein Ex-Partner nie zurückkommen wird, würdest du dann etwas anders machen, dich anders fühlen oder etwas anders bewerten?

2

In welchen Situationen, Momenten oder an welchen Orten erinnerst du dich an deinen Ex-Partner? Wäre es sinnvoll, diesen Erinnerungen aktuell aus dem Weg zu gehen?

3

Würdest du dich anders fühlen, wenn dein Ex-Partner sich nicht getrennt hätte, sondern gestorben wäre? Was wäre dann anders?

4

Wie kann es dir gelingen, dass du deine Gefühle wirklich zulässt und dich nicht ausschließlich von ihnen ablenkst?

Gefühle wollen durchlebt und gefühlt werden, das ist ihr Bedürfnis. Wenn wir sie ausreichend gefühlt haben, werden sie auch wieder gehen. Sich nur abzulenken oder unangenehme Gefühle wegzuschieben, ist demnach keine langfristige Lösung.

5

Welche 5 Aspekte haben dir bei früheren Trennungen oder anderen Lebenskrisen am meisten geholfen, diese zu überwinden? Zum Beispiel Gespräche, Sport, Lesen ...

6

Würde es dir bessergehen, wenn die Trennung von dir ausgegangen wäre oder ihr sie gemeinsam entschieden hättet? Was wäre dann anders?

7

Welches Gefühl fühlst du gerade? Beschreibe, wo du es im Körper spürst, welche Farbe, Konsistenz und Größe es hat. Welchen Namen gibst du diesem Gefühl? Kannst du es einige Minuten einfach nur beobachten oder dich ihm hingeben?

8

Wann hast du das letzte Mal etwas Liebevolles über dich selbst gedacht, und was war es?

9

Warst du in der letzten Zeit eurer Beziehung wirklich glücklich? Nutze dafür am besten eine Skala von 1 (sehr unglücklich) bis 10 (sehr glücklich).

»Positiv zu denken bedeutet nicht, dass man immer glücklich und zufrieden sein muss. Es bedeutet, dass man auch an schweren Tagen weiß, dass es wieder bessere Tage geben wird.«

UNBEKANNT

10

Frage dich ganz ehrlich: Warum, glaubst du, ist es zur Trennung gekommen? Was ist dein eigener Anteil, was ist der deines Ex-Partners?

11

Was denkst du, wie weit bist du aktuell in der Trennungsverarbeitung? Kannst du akzeptieren, wo du derzeit stehst, oder kämpfst du dagegen an?

12

Verfolgst du deinen Ex-Partner immer wieder in sozialen Medien oder fragst gemeinsame Freunde über ihn aus? Welche Erfahrungen hast du damit gemacht? Profitierst du davon?

13

Welche 5 Dinge solltest du ab sofort unterlassen, damit du schneller aus dem Trennungsschmerz kommst?

14

Welche konkreten Vorwürfe hast du an deinen ehemaligen Partner? Schreibe dazu alle Aspekte auf.

15

Welche konkreten Vorwürfe richtest du an dich selbst? Schreibe dazu alle Aspekte auf. Kannst du dir verzeihen?

16

Wie viele der Gedanken, die du heute rund um deine Trennung hast, hattest du gestern auch schon?

Wir haben täglich circa 70.000 Gedanken, etwa 90 Prozent davon hatten wir bereits am Tag vorher. Der Verstand dreht sich demnach häufig im Kreis und wir finden keine Antworten. Mach dir das klar und versuche, Wiederholungen zu vermeiden. Zum Beispiel, indem du deinem Verstand antwortest: »Wir haben das schon oft durchgespielt, kommen aber nicht weiter.« Lenke dich anschließend ab oder wende dich etwas zu, das deine Konzentration benötigt.

17

Gibt es etwas, wofür du dich schämst, zum Beispiel etwas, was du in der Beziehung oder rund um die Trennung gemacht hast? Was ist das und kannst du Freunden oder einem Therapeuten davon berichten?

»Die schwierigste Zeit in unserem Leben ist die beste Gelegenheit, innere Stärke zu entwickeln.«

DALAI LAMA

18

Welche Menschen vertrauen und bauen aktuell auf dich? Gibt es irgendjemanden in deinem Leben, der gerade deine Unterstützung braucht?

Es gibt viele Möglichkeiten, Freunde zu unterstützen oder uns sozial zu engagieren. Für dieses Geben werden wir belohnt: Wir erfahren, dass wir für andere wichtig sind, wir erhalten Wertschätzung und können darüber hinaus dem Gefühl »*Ich bin für niemanden wichtig*« etwas Konkretes entgegensetzen.

19

In welchen Momenten spürst du einen inneren Frieden? Was kannst du konkret tun, damit du das häufiger spürst? Wodurch verlierst du den inneren Frieden wieder?

20

Kannst du es akzeptieren, dass alle Gefühle – auch Trauer oder Wut – zurzeit richtig und wichtig sind und du dich nicht ver-fühlen kannst?

21

Wenn du an deinen Ex-Partner denkst: Was hilft dir konkret, um wieder in deine Mitte zu finden? Zum Beispiel Freunde anrufen, tanzen, schreien, schreiben, weinen, arbeiten …

22

Leidest oder fühlst du mehr?

Den Unterschied zwischen Leiden und Fühlen zu kennen, hilft dir, raus aus dem Leiden zu kommen:

Fühlen findet in der Gegenwart statt. Wir können nicht gestern oder morgen fühlen, sondern nur jetzt. Fühlen hat immer einen körperlichen Aspekt, beginnt mit einem Gefühl, wir bleiben in diesem und lassen es zu. Das Fühlen bringt uns im Heilungsprozess weiter, es erleichtert uns und wir können etwas loslassen.

Leiden hat einen Vergangenheits- oder Zukunftsbezug, da es aufgrund einer Bewertung entsteht. Es findet im Verstand statt und beginnt häufig mit einem Gefühl, dem wir ausweichen, indem wir in den Verstand wechseln. Leiden strengt an, erschöpft und bringt uns im Heilungsprozess nicht wirklich weiter.

23

Kannst du annehmen, dass du gerade nicht in deiner vollen Kraft stehst, dieser Zustand nach einer Trennung vollkommen normal ist und daher nichts »falsch« mit dir ist?

24

Hat es sich gelohnt, in der Beziehung dein Herz zu öffnen? Was sagt dein Ego dazu, was deine Seele?

25

Was hast du über das andere Geschlecht oder über Partnerschaften im Allgemeinen gelernt?

26

Was hat dich rund um die Trennung von deinem ehemaligen Partner am meisten enttäuscht?

»Wer loslässt,
hat die Hände frei.«

UNBEKANNT

27

Stell dir vor, du bist 10 Jahre älter und blickst auf die Trennungszeit zurück: Was würde dieses ältere Ich zu dir heute sagen? Nimm dir genügend Zeit, dir das vorzustellen.

28

Wovor hast du am meisten Angst in der Zukunft? Schreibe dir die Punkte auf. Wie kannst du damit umgehen, wenn das, wovor du Angst hast, tatsächlich eintreffen sollte? Welche Lösungen könntest du dafür finden?

29

Falls du den Wunsch hast, wieder mit deinem ehemaligen Partner zusammenzukommen: Willst du deine Lebenszeit mit jemandem verbringen, der sie nicht mit dir teilen möchte? Möchtest du deine Liebe jemandem schenken, der sie nicht haben möchte und dich nicht mehr liebt?

30

In welchen Bereichen hast du Vertrauen in die Zukunft? Zum Beispiel in deine Freundschaften, deinen Beruf oder eine neue Partnerschaft. Und wie viel Vertrauen hast du in dich selbst?

31

Erzählst du deinen Freunden, was du brauchst und dir guttut?

32

Wenn du Angst spürst – kannst du sie für einige Augenblicke spüren, anstatt dich davon abzulenken oder Lösungen im Verstand zu suchen?

Angst und Sorgen sind per se nicht negativ, auch wenn wir gerne keine hätten. Wie mit allen Gefühlen ist es auch mit Ängsten: Wenn wir sie spüren, da sein lassen und sie nicht mit dem Verstand versuchen »wegzumachen«, werden sie weniger Macht über uns haben und irgendwann in den Hintergrund treten.

33

Glaubst du, dass es im Leben für jeden Menschen nur einen Lebens- oder Seelenpartner gibt? Oder gibt es mehrere?

34

Wie viel Macht hat dein Ex-Partner aktuell über dich und dein Wohlbefinden? Nutze dafür eine Skala von 1 (keine Macht) bis 10 (sehr viel Macht). Wie fühlt sich das Ergebnis für dich an?

»Wer mit sich selbst in Frieden leben will, muss sich so akzeptieren, wie er ist.«

SELMA LAGERLÖF

35

Welche 3 konkreten und leicht umzusetzenden Dinge kannst du jeden Morgen beziehungsweise jeden Abend für dich selbst tun? Beispielsweise, indem du eine geführte Meditation machst, aufschreibst, welche Pläne du heute hast, wofür du dankbar warst oder reflektierst, welcher Moment der schönste an diesem Tag war.

36

Wer steht bildlich gesprochen alles hinter dir, um dich zu stärken? Deine Familie, Freunde, Kollegen, deine Erfahrung, dein Glaube ...? Male oder schreibe das auf.

37

Ist die Trennung der Worst Case, der in deinem Leben geschehen konnte? Oder hätte es schlimmer kommen können?

38

Mit welchen Nahrungsmitteln oder Getränken versuchst du, deine Laune zu stabilisieren? Welche haben einen negativen Einfluss auf deine Stimmung? Auch wenn die Frage zunächst banal klingt – nimm dir Zeit, darüber zu reflektieren.

39

Welche großen emotionalen Herausforderungen hast du in deinem Leben bereits erfolgreich überwunden? Wie ist dir das gelungen?

40

Welche Eigenschaften hatte dein Ex-Partner, die dir nicht gut getan haben, dich genervt oder verletzt haben? Schreibe möglichst viele Aspekte auf. Das hilft dir, deinen Ex-Partner von einem (möglichen) Sockel zu holen.

41

Bist du dir bewusst darüber, dass deine Gefühle deine Gefühle sind und in dir selbst entstehen?

Auch wenn es externe Auslöser gibt, ist es immer unsere Reaktion, die zu den Gefühlen führt, die wir fühlen. Wenn dich das Thema im Detail interessiert, findest du auf YouTube meinen TEDx-Talk: wielandstolzenburg.de/103-trennung

42

Kennst du eine Sportart, mit der es dir gelingt, weniger zu denken und deinen Körper zu fühlen? Würde es dir helfen, das jeden Tag zu machen – auch wenn es hieße, dich manchmal dazu zu zwingen?

43

Welche Erfahrungen, Ressourcen und innere Stärken helfen dir am meisten, durch die Trennungszeit zu kommen? Schreibe sie dir auf.

Wenn du dir bewusst bist über deine Stärken und Fähigkeiten, kann dir das Mut und Vertrauen geben. Dass wir im Trennungsprozess nicht immer darauf zugreifen können, ist dabei völlig normal. Denn es gibt kaum einen größeren Angriff auf das Selbstwertgefühl, als verlassen zu werden. Daher ist es wichtig, sich immer wieder daran zu erinnern.

»Wir sind, was wir denken. Alles, was wir sind, entsteht aus unseren Gedanken. Mit unseren Gedanken formen wir die Welt.«

BUDDHA

44

Wenn du beim Einschlafen ständig an die Trennung denken musst: Hast du eine Strategie gefunden, wie du (wieder) einschlafen kannst? Und wenn nicht: Wie kannst du eine finden?

Beispielsweise kann Folgendes helfen: Begebe dich in die Beobachterposition. Das heißt, dass du dich wie aus der Vogelperspektive betrachtest und beobachtest, was du alles denkst und wie du dich fühlst.

45

Stell dir vor, ein Kind hat einen wichtigen Menschen in seinem Leben verloren. Wie würdest du dich dem Kind gegenüber verhalten? Kannst du dir vorstellen, in ähnlicher Art und Weise mit dir selbst umzugehen? Zum Beispiel, indem du dich immer wieder in deiner Vorstellung um dich selbst kümmerst – so wie du es mit diesem Kind machen würdest.

46

Was macht dich aktuell am glücklichsten von den Dingen, die du aktiv tust?

47

Zeigst du dich deinem engen Umfeld so, wie es dir wirklich geht? Wenn nicht, warum?

48

Welche drei Eigenschaften schätzen deine besten Freunde oder deine Familienmitglieder am meisten an dir? Wenn du das nicht weißt, frage sie gerne.

49

Hilft es deiner Trennungsverarbeitung, wenn du Fotos, gemeinsame Erinnerungen oder Gegenstände in der Wohnung siehst? Kann es deiner Heilung helfen oder steht es ihr zurzeit mehr im Weg?

50

Vertraust du dir selbst, dass du aus dem Loch kommst und dich in Zukunft irgendwann wieder verlieben kannst? Hängt deine Einschätzung damit zusammen, wie du dich in diesem Moment fühlst?

51

Was kannst du an Negativem aus der Beziehung zurücklassen? Zum Beispiel die aufdringliche Schwiegermutter, die ungemütliche gemeinsame Wohnung oder den Putzfimmel des Ex-Partners. Was ist es bei dir?

»Und es kam der Tag, da das Risiko, in der Knospe zu verharren, schmerzlicher wurde als das Risiko zu blühen.«

ANAÏS NIN

52

Welche Rolle spielt das Internet in deinem Leben zurzeit? Inwieweit hilft es dir wirklich weiter und inwieweit verhinderst du damit den Kontakt zu dir selbst?

53

Hast du manchmal den Impuls, deinem Partner etwas heimzuzahlen oder ihn anderweitig zu bestrafen für das, was er dir angetan hat? Ist das gut?

54

Welche Musik hilft dir, dich zu motivieren oder aufzubauen? Welche unterstützt dich, deine Trauer »im Guten« zu begleiten?

55

Warst oder bist du emotional abhängig von deinem Ex-Partner? Und wenn ja: Woran bestand die Abhängigkeit? Siehst du Möglichkeiten, dich davon zu lösen?

56

Welche Gedanken verbessern deine Stimmung? Und wie viele machen dir das Leben schwer? Schreibe dir jene Gedanken auf, die dir das Leben erleichtern, und jene Sorgen, die es dir erschweren.

57

Wenn dein Ex-Partner bereits neu liiert ist: Wie kommst du mit Eifersucht oder Neid zurecht? Wie kann es dir gelingen, seine Beziehung zu akzeptieren?

58

Wenn du in einigen Monaten auf die aktuelle Zeit zurückblickst: Was würdest du bereuen, jetzt nach der Trennung nicht getan oder getan zu haben?

59

Hat die Trennung auch etwas Gutes ermöglicht? Wenn ja, was? Schreibe dir deine Gedanken dazu auf.

60

Wer hat deiner Meinung nach mehr in die Beziehung investiert? Wäre das auf Dauer für euch beide gut und erfüllend gewesen?

»Denke daran, dass etwas, was du nicht bekommst, manchmal eine wunderbare Fügung des Schicksals sein kann.«

DALAI LAMA

61

Was würdest du gerne Positives über dich von deinem Ex-Partner hören? Unter der Annahme, dass das nie kommen wird: Wie kannst du am besten damit umgehen?

62

Was bedeutet Liebe für dich? Und ist es mehr Geben oder Nehmen?

63

Was ist der Sinn der Trennung, warum ist diese geschehen? Geht es vielleicht darum, eine ungesunde Abhängigkeit vom Partner zu erkennen und wieder selbstständiger zu werden? Oder geht es darum, sich in der Partnerschaft nicht mehr verbiegen zu müssen? Um was geht es bei dir?

64

Kannst du die 50-prozentige Verantwortung deines Ex-Partners am Scheitern der Beziehung bei ihm lassen, oder nimmst du davon etwas zu dir?

Wir tendieren häufig dazu, entweder uns selbst oder unserem Ex-Partner einen Großteil der Verantwortung zu geben. Letztendlich tragen in allen Fällen beide Partner einen Anteil daran, dass die Beziehung so wurde, wie sie wurde. Daher hilft ein realistischer Blick, um nicht in der Opferrolle oder Anklägerrolle zu verharren, denn beide verzögern unsere Heilung.

65

Was kannst du machen, um deinen Selbstwert zu stabilisieren? Wenn du es nicht weißt: Was möchtest du machen, um es für dich herauszufinden?

66

Was hast du deinem Ex-Partner alles geben und schenken dürfen? Hast du das gerne gemacht oder würdest du es am liebsten wieder zurücknehmen?

67

Vermisst du mehr die Person oder den Status der ehemaligen Beziehung? Zum Beispiel die Sicherheit, Finanzen, Zukunftspläne, gemeinsame Freunde. Wie viel Prozent entfallen in etwa worauf? Und verändert deine Antwort den Blick auf deinen Ex-Partner und wie du ihn vermisst?

68

Was wird erst durch die Trennung für dich möglich? Vielleicht war eine Reise mit deinem Ex-Partner undenkbar, Romantik- oder Science-Fiction-Filme wurden aus dem gemeinsamen TV-Programm gestrichen oder du warst in Norddeutschland gefangen und konntest nicht nach Stuttgart ziehen.

»Der größte Ruhm im Leben liegt nicht darin, nie zu fallen, sondern jedes Mal wieder aufzustehen.«

NELSON MANDELA

69

Woher hattest du die Kraft, die Zeit nach der Trennung bis jetzt zu überstehen?

70

Wer bist du ohne deinen Ex-Partner? Inwieweit waren dein Leben und deine Identität durch deinen Ex-Partner definiert?

71

Würdest du davon profitieren, für ein paar Tage woanders hinzufahren, um ein wenig Abstand zu bekommen? Was wäre dein Traumziel?

72

Für was bist du deinem Ex-Partner dankbar?

73

Welche Fähigkeiten konntest du durch die gemeinsame Zeit mit deinem Ex-Partner entwickeln, was hast du lernen dürfen? Bist du beispielsweise so zu einem gesünderen Lebensstil gekommen oder hast gelernt, dich fallen zu lassen und bedingungsloser zu lieben? Was ist es bei dir?

74

Was brauchst du in der Tiefe aktuell wirklich?

Nach einer Trennung treibt uns meist der Schmerz an, Dinge zu tun oder zu unterlassen, das ist normal und völlig in Ordnung. Manchmal kann unser Verhalten jedoch im Widerspruch zu dem stehen, was wir uns in der Tiefe wünschen, was unsere Seele bräuchte.

75

Inwieweit beeinflusst deine Hoffnung, dass dein Ex-Partner wieder zurückkommt, dich beim Loslassen und Freiwerden von ihm?

76

Wie sieht dein Leben in 3 Jahren aus? Was machst du und wie geht es dir? Bist du in einer Partnerschaft, und wenn ja, wie sieht diese aus? Wie steht es um deine Hobbys, Freundschaften und deinen Beruf? Wie möchtest du dich dann fühlen? Schreib auf, wie dein Traumleben dann aussieht.

77

Wenn du dein Leben und deine Gefühle als sehr negativ wahrnimmst: Hilft es dir, wenn du deine aktuelle Situation mit anderen Menschen vergleichst, die zum Beispiel von einer schweren Krankheit, dem Verlust eines lieben Menschen oder Gewalterfahrung betroffen sind?

*»Sich Sorgen zu machen ist,
wie im Schaukelstuhl zu
sitzen. Es beschäftigt einen,
bringt einen aber
nirgendwohin.«*

GLENN TURNER

78

Du sitzt gerade mit diesem Trennungsbuch in der Hand. Versuche, dich wie aus einer Vogelperspektive zu betrachten und dich aus diesem Blickwinkel selbst zu beobachten. Wie geht es dieser Person (dir)? Was fühlt sie, was denkt sie, was beschäftigt sie?

79

Was war bisher während des Trennungsverlaufs deine größte Herausforderung und wie hast du diese bis jetzt gemeistert?

80

Falls du deinen Ex-Partner hasst: Glaubst du, dass du einen Weg finden kannst, ihm trotzdem eines Tages zu vergeben? Was müsste dafür geschehen?

81

Wenn du gewusst hättest, dass die Beziehung so endet, wärst du sie trotzdem eingegangen? Überwiegt bei dir »Ja« oder »Nein«? Formuliere einige Sätze, die dir dazu wichtig sind.

82

Wenn das Leben/Universum/Gott die Trennung eingefädelt haben sollte: Was wollen diese dir mit der Trennung sagen? Nimm dir genügend Zeit für deine Antwort.

83

Was würde sich für dich heute ändern, wenn du wüsstest, dass dich dein Ex-Partner nie geliebt hat? Versuche die Gefühle, die diese Frage in dir auslösen, zu fühlen. Auch wenn sie dich traurig oder wütend stimmen sollte, lass es zu.

84

Was würde sich für dich heute ändern, wenn du wüsstest, dass dich dein Ex-Partner sehr geliebt hat? Versuche die Gefühle, die diese Frage in dir auslösen, zu fühlen. Auch wenn sie dich traurig oder wütend stimmen sollte, lass es zu.

85

Wie alt fühlst du dich, wenn du traurig, wütend oder verzweifelt bist? Bist du eher im »erwachsenen Ich« oder mehr im »kindlichen Ich?«

»Es geht nicht darum, das zu tun, was sich gut anfühlt, sondern das zu tun, was hilfreich ist.«

WIELAND STOLZENBURG

86

Wenn du sicher wüsstest, dass du die genauen Trennungsgründe nie erfahren wirst: Könntest du das akzeptieren und anschließend aufhören, deine Energie und Gedanken dafür zu verwenden?

87

Verbessert das, was du jetzt machst, deine Situation?

Diese Frage kannst du dir jeden Tag in vielen Situationen stellen und anschließend entscheiden, ob du dem Verhalten oder der Tätigkeit weiter folgst.

88

Welche Eigenschaft oder Fähigkeit bräuchtest du, damit du ohne deinen Ex-Partner erfüllt und glücklich sein kannst?

89

Worüber bist du positiv überrascht und stolz darauf, dass es dir trotz der Umstände gelingt?

90

Was ist die schlimmste Erinnerung an eure Beziehung und wie kann dir diese Erinnerung helfen? Beispielsweise, indem du erkennst, dass nicht alles nur wunderbar war; oder dass es für dich wichtig ist, dass du deinem Partner für das Geschehene verzeihst?

91

Erlaubst du dir, auch wenn die Trennung schon länger her sein sollte, manchmal traurig, verzweifelt oder ohne Zukunftsperspektive zu sein? Auch wenn sich der Zustand nicht gut anfühlt, kannst du akzeptieren, dass es aktuell so ist?

Je mehr du gegen die negativen Gefühle ankämpfst und dich für diesen Zustand selbst anklagst, desto länger wirst du darin steckenbleiben.

92

Was war mit deinem Ex-Partner nicht möglich? Schreibe hierzu 10 Dinge auf und überlege dir, wie du sie jetzt mit deiner neuen Freiheit umsetzen kannst.

93

Kannst du besonders schöne gemeinsame Erlebnisse in deinem Herzen weiter tragen, trotz der Trennung?

94

Kennst du die drei Bindungskräfte, die uns an unseren Partner binden können? Es sind Liebe, Hass und Schuld. Welche davon halten dich aktuell am stärksten an deinem Ex-Partner?

»Wenn du durch eine
harte Zeit gehst und alles
gegen dich zu sein scheint,
wenn du das Gefühl hast,
es nicht mehr eine Minute
länger zu ertragen:

GIB NICHT AUF, weil dies die
Zeit und der Ort ist, wo sich
die Richtung ändert.«

RUMI

95

Welche 3 Dinge möchtest du in einer zukünftigen Partnerschaft anders machen? Müsstest du dazu etwas neu lernen oder verändern? Weißt du, wie dir das gelingen kann?

96

Worauf bist du besonders stolz in Bezug auf die Trennungsverarbeitung?

97

Wie wirst du, wenn du mit 75 Jahren im Schaukelstuhl sitzt, auf dein Leben während der Trennungsphase blicken?

98

Stell dir deinen zukünftigen Partner vor: Wer wird dich begleiten, was werdet ihr alles gemeinsam erleben? Wie sieht dieser Mensch aus? Welche Werte und Eigenschaften zeichnen ihn und eure Partnerschaft aus?

99

Worüber hast du dich am meisten bei deinem Ex-Partner geärgert? Ergänze gerne diesen Satz mit 5 bis 10 Aspekten: »Leichten Herzens nehme ich Abschied von dir, weil ...«

100

Was war das Schöne und Einmalige in der Beziehung? Ergänze gerne diesen Satz mit 5 bis 10 Aspekten: »Schweren Herzens nehme ich Abschied von dir, weil ... «

101

Wenn du jemandem, der frisch verlassen wurde, deinen wichtigsten Trennungstipp mit auf den Weg geben würdest: Welcher wäre das?

102

Welche Geschichte möchtest du ab sofort hinsichtlich deiner Trennung über dich selbst erzählen?

103

Von welcher Frage hast du am meisten profitiert? Welche Frage war die herausforderndste für dich und welche hat zur größten positiven Veränderung beigetragen?

»Hoffnung ist nicht die Überzeugung, dass etwas gut ausgeht, sondern die Gewissheit, dass etwas Sinn hat, egal, wie es ausgeht.«

VÁCLAV HAVEL

Abschluss

Glückwunsch, dass du es bis hierher geschafft hast! Es war sicher ein Kraftakt, dich so intensiv mit dir und der Trennung zu befassen. Ich hoffe, dass du hilfreiche Antworten und neue Erkenntnisse gewinnen konntest, dich nun freier und leichter fühlst. Zudem wünsche ich dir, dass du deinen Ex-Partner weniger idealisierst, ihn mehr losgelassen hast und wieder mehr in deiner Mitte angekommen bist.

Auch wenn du noch schmerzhafte Momente oder Gefühlstiefs erlebst, ist nichts falsch mit dir. Dieser Trennungsratgeber, Gespräche mit Freunden, eine Therapie oder schöne Erlebnisse wie eine Reise – all das sind individuelle Bausteine auf dem Weg, eine Trennung zu verarbeiten. Für jeden ist dieser Weg unterschiedlich lange und intensiv und jeder benötigt andere Bausteine.

Behandle Dich liebevoll! Denn das ist einer der Schlüssel im Trennungsprozess: Dass wir viel Nachsicht und Wohlwollen uns gegenüber haben – und dafür sind wir allein verantwortlich.

Es gibt Menschen, für die reicht dieser Ratgeber aus. Wieder andere wünschen sich noch mehr Tipps und Übungen. Dazu habe ich zwei Bücher geschrieben: Den Ratgeber »*Trennung überwinden*« sowie das Ausfüllbuch »*Liebeskummer heilen*«. Beide gibt es auf Amazon und in jeder Buchhandlung. Außerdem findest du auf meiner Website viele kostenlose Artikel, Tipps und Tests, die dir sicherlich weiterhelfen.

Ich wünsche dir alles Gute und viel Vertrauen in dich und deine Selbstheilungskräfte!

Dein
Wieland Stolzenburg

Bitte & Geschenk

Danken möchte ich allen Menschen, die ich bei meiner Arbeit durch ihre Trennung begleiten durfte. Über diese Begegnungen habe ich unglaublich viel über Trennungen gelernt und darüber, was für die Verarbeitung wichtig ist. Zudem möchte ich mich bei Andrea, Beate, Bettina, Christoph, Emily, Inger, Kiki, Marina, Marion, Marion, Petra und Sophia bedanken, die mir wertvolles Feedback zu den Fragen gegeben haben.

Möchtest du mir einen Gefallen tun? Als selbstständiger Autor habe ich keinen Verlag, der sich um die Platzierung im Buchhandel oder die Vermarktung der Bücher kümmert. Daher sind Bewertungen für mich der beste Weg, damit meine Bücher mehr Menschen erreichen. Wenn du das unterstützen möchtest, freue ich mich sehr über eine ehrliche Bewertung auf Amazon. Vielen Dank! Ebenso freue ich mich über persönliche Nachrichten oder Feedback. Schreib mir dazu gerne eine E-Mail.

Zum Abschluss möchte ich dir noch zwei Kleinigkeiten schenken: Beide kannst du auf meiner Website herunterladen: wielandstolzenburg.de/103-trennung

- Meine tausendfach heruntergeladene Trennungs-Checkliste mit den besten Trennungstipps
- 9 Fragen, die sich Eltern – zum Wohle ihrer Kinder – nach einer Trennung stellen sollten

Weitere Bücher

Trennung überwinden. Der Weg vom Liebeskummer zur Lebensfreude*: In 11 Kapiteln begleitet das Buch die Leser durch den gesamten Trennungsprozess: vom ersten Schock bis hin zur Heilung des verwundeten Herzens. Viele konkrete Übungen helfen dabei, nachhaltig über die Trennung hinwegzukommen, den Ex-Partner loszulassen und gestärkt zurück ins Leben zu finden.*

- Erschienen 2019 als Buch und E-Book
- Umfang: 236 Seiten
- ISBN: 9783748173212

Liebeskummer heilen. Dein persönlicher Begleiter durch die ersten 100 Tage nach der Trennung*: Dieses Trennungs-Tagebuch ist für alle gedacht, die neben den grundlegenden Trennungstipps gerne eine Schritt-für-Schritt-Anleitung haben, mit vielen leicht umsetzbaren Übungen und Aufgaben zum Ausfüllen, Ankreuzen und Eintragen.*

- Erschienen 2019 als Buch und E-Book
- Umfang: 304 Seiten
- ISBN: 9783831205608

Auszug weiterer Bücher

- *Mein Konsumtagebuch* von Jana Kaspar und Wieland Stolzenburg (2019, 272 Seiten, ISBN: 9783831205554)

- *Männer verstehen für Dummies* (2015, 334 Seiten, ISBN: 9783527712106)
- *Beziehungsleben. Wie du die Lösung für eine erfüllende Partnerschaft in dir findest* (2018, 150 Seiten, ISBN: 9783746024240)
- *Beziehungsglücklich: 27 Tipps für eine erfüllende Partnerschaft* (2019, 127 Seiten, ISBN: 9781080675074)

Alle weiteren Bücher findest du auf meiner Website wielandstolzenburg.de/buecher

Printed in Germany
by Amazon Distribution
GmbH, Leipzig

26594220R00072